Benito Pérez Galdós

En el país de
Shakespeare

casimiro

casimiro [*casimiroa edulis*]

© Casimiro libros, Madrid, 2026

Todos los derechos reservados

www.casimirolibros.es

ISBN: 979-13-87675-10-3
Depósito legal: M-20131-2025

Impreso en España

ÍNDICE

La vocación viajera de Benito Pérez Galdós es una manifestación clara y evidente de esa inclinación que define el quehacer literario y la propia personalidad del escritor: la observación minuciosa del entorno real. La confluencia de curiosidad, observación y reflexión será la base perfecta de su creación literaria. El propio escritor confesará en innumerables ocasiones su afán por escudriñar todos los rincones de las ciudades en las que vive o visita.

A finales de 1882, en el mes de octubre, recibe una carta de un viejo amigo, José Alcalá Galiano, recién incorporado como cónsul de España en Newcastle on Tyne, proponiéndole que le visite el próximo verano para realizar "una excursión novelesca a Escocia, teatro de las bellas novelas del Galdós inglés, Walter Scott". Proposición que debió acoger con gran interés, pues, después de acabar la redacción en el mes de mayo de 1883 de su novela *El doctor Centeno*, le confirma por carta que se encontrará con él en Londres ese mismo verano, experiencia de la que apenas tenemos datos, pues las escasas referencias que existen las hallamos en las desmemoriadas memorias galdosianas. Allí ambos amigos debieron recorrer todos los rincones londinenses, con un plano en la mano, tal como le gustaba a Galdós, pues en la biblioteca particular del escritor, entre otros muchos documentos, se conserva un plano desplegable de Londres, con una guía de viajeros, de 1882. El propio Galdós da cuenta en sus Memorias de la entrañable amistad que le unió a José Alcalá y de cómo se convierte en compañero inestimable de sus viajes por Europa, recorridos que se iniciaban generalmente tras pasar Galdós unos días gozando de la dulce hospitalidad inglesa en la casa del Consulado donde residía su amigo, felizmente casado con una dama irlandesa, tan bella como ilustrada, en el sentir de Galdós. Amistad que también se manifiesta en los afectivos párrafos que hallamos en la sección *Cartas* que publica en *La Prensa* de Buenos Aires durante los meses de octubre y noviembre de 1887 al comentar su viaje por Holanda, Dinamarca y Alemania llevado a cabo durante los meses de verano. En ellas, tras calificarlo de poeta eminentísimo, se lamenta que los servicios que presta a España como cónsul en Newcastle on Tyne lo alejen del terreno de las letras. Galdós habla de su amigo en los siguientes términos:

Alcalá Galiano es un entendimiento general y flexible. Posee tal variedad de conocimientos y tanta gracia y originalidad para expresar sus ideas, que su conversación es encantadora y su compañía inapreciable. Sus composiciones poéticas se distinguen por la osadía de sus pensamientos y el vigor con que los expresa. Además es políglota: habla a la perfección tres o cuatro lenguas de las más usuales, y conoce y recita de memoria los poetas de todos los países. Pocos hombres conozco que tengan un trato más ameno. A su lado se pasan sin sentido las horas [...] no olvidaré nunca las horas que hemos pasado juntos, discurriendo por las calles de Amsterdam, Berlín, Copenhague o Hamburgo, haciendo críticas más o menos sesudas y formales de lo que vemos y comunicándonos nuestras impresiones con la confianza que inspira una amistad antigua y entrañable como la nuestra.

El único relato de viaje por tierras inglesas que recogió en volumen Galdós fue el referido a su excusión a la ciudad natal de Shakespeare, aunque bien es verdad que en sus *Memorias* y en las *Cartas* enviadas a *La Prensa* alude con insistencia a distintas excursiones por Gran Bretaña. Especial atención concede a las ciudades de Edimburgo y Londres en sus *Memorias*. La primera, descrita desde una doble óptica. Por un lado, como importante centro cultural, pues Edimburgo es para el escritor "la ciudad de las imprentas, emporio de las librerías y del saber académico", actividad económica y cultural impulsada por su magnífica Universidad. Por otro lado, el Edimburgo que Galdós descubre en su acelerada visita es la ciudad monumental, con sus edificios y espléndidas casas, sus museos, hoteles, estación de ferrocarril y, como no podía ser de otra forma, destaca sobre todos ellos el monumento dedicado a Walter Scott en Princess-Street, la calle principal de Edimburgo. La visita a la residencia de los últimos reyes de Escocia, el Palacio de Holyrood, con una mención al drama de Schiller *María Estuardo* y una larga digresión sobre la historia de esta reina, pone fin a esta sucinta descripción urbana. Mayor relevancia y significado tienen, sin duda, los dos lugares londinenses descritos por Galdós en sus *Memorias*.

Adoptando el tono propio de clara difusión periodística describe someramente el itinerario que sigue desde Trafalgar Square hasta llegar a orillas del Támesis donde se encuentra el Parlamento, edificio que alberga "a la institución más estable y grandiosa de la vieja Inglaterra". Galdós destaca las dimensiones inmensas de este edificio, con su corpulenta y elevadísima torre. Subraya la grandiosidad de sus dimensiones y el lujo de sus salones, magnificencia del edificio acorde al papel que representa en la historia y la vida de la nación, pues "allí reside la verdadera majestad, la soberanía efectiva de la nación". Galdós en estas páginas no duda en mostrar su admiración por el sistema parlamentario inglés, que "debiera ser ejemplo de todo el mundo". Al lado de esas referencias de carácter político aparece su admiración por el arraigado orgullo británico por su historia, por el recuerdo de sus grandes hombres y la glorificación de sus hechos más célebres, características que se materializan, desde su punto de vista, en el recinto de la Abadía de Westminster. Templo donde los dioses se codean con los mortales, pues en sus capillas se encuentran enterrados todos los reyes, reinas, príncipes y caballeros que han ennoblecido la patria. Allí junto a las sepulturas de científicos de la talla de Newton y Darwin, se encuentra la sala denominada el *Rincón de los poetas*, el espacio físico que más emociona a Galdós, pues acoge "la brillantísima pléyade de poetas, novelistas, historiadores, críticos, músicos, actores, etc., que en siglos diferentes han brillado en el espacio infinito del arte británico [...] Allí están los profetas, apóstoles, mártires, los elegidos, en fin, merecedores de la inmortalidad". Entre los nombres que Galdós destaca están Macaulay, Thackeray, Haendel, el músico que los ingleses consideran como suyo, aunque naciera en Alemania, Goldsmith, Pope, Addison, Chaucer, Thomson, Prior, Campell, el afamado comediante Garrick, Milton, Spencer... y destacando sobre todos ellos, sus admirados Shakespeare y Dickens. Galdós dedica un significativo fragmento a la descripción del espacio físico que ocupa una sepultura reciente, pues en ella

[...] trazado al parecer con carácter provisional, leí esta inscripción: Dickens. En efecto, el gran novelador inglés había muerto poco antes. Como este fue siempre un santo de mi devoción más viva, contemplé aquel nombre con cierto arrobamiento místico. Consideraba yo a Carlos Dickens como mi maestro más amado.

Galdós en sus *Memorias* destaca estos dos edificios, el Parlamento y la Abadía de Westminster, dos lugares, sin duda, emblemáticos y caracterizadores de la sociedad inglesa, pero que para el escritor poseen un significado especial, pues ponen de manifiesto dos de las características esenciales del pueblo inglés: su desarrollado sistema parlamentario y la glorificación de los grandes hombres que han contribuido con sus obras al engrandecimiento de su patria.

Como es habitual en las mencionadas *Memorias* los datos son en ocasiones bastantes confusos. Según este texto, tras su viaje por los Países Bajos, Alemania y Dinamarca en 1887, Galdós dejó a José Alcalá en New-castle on Tyne, prosiguiendo su visita a Edimburgo y Birmingham. De esta última ciudad partiría hacia la patria de Shakespeare: Stratford-on-Avon. No obstante, en páginas posteriores de las *Memorias*, Galdós contradice en parte los datos ofrecidos con anterioridad, pues tras confesar que no recuerda el año concreto, rememora su viaje a Edimburgo acompañado de José Alcalá, primera jornada de su proyectada excursión por tierras escocesas. Sin embargo, por obligaciones apremiantes del Consulado, José Alcalá se vio impelido a regresar a Newcastle, renunciando a visitar la región de los lagos "cuyas poéticas leyendas enardecían vivamente nuestra imaginación".

Según Galdós, camino de Inglaterra, decide no demorar su deseado viaje a Stratford, aunque para ello se vea obligado a prescindir de la compañía de su buen amigo. La visita a la casa natal de Shakespeare se realizó en septiembre de 1889, tal como se constata en las crónicas enviadas a *La Prensa* entre noviembre del citado año y enero de 1890. Relato de viaje configurado en su redacción definitiva, según el propio Galdós, en

1890, aunque habrá que esperar hasta 1894 (mayo-junio) para verlo publicado en el periódico *El Imparcial*. Crónica recogida también en sus volúmenes *La casa de Shakespeare* (s. a. [1894]) y *Memoranda* (1906).

A diferencia de los párrafos alusivos a su estancia en Edimburgo que hemos mencionado, en este relato de viaje Galdós se aleja de la mera descripción pintoresca, para ofrecer a sus lectores unas páginas más animadas, donde se transmite con total naturalidad el estado emocional del escritor ante la ciudad que es cuna y sepultura del gran poeta inglés. Galdós no olvida por ello que está escribiendo una crónica, de ahí que elija la clásica estructura del relato de viaje decimonónico, en el que el escritor comenta las anécdotas sucedidas en el transcurso del mismo, a la vez que enumera y describe los lugares y monumentos que va descubriendo o visitando.

María de los Ángeles Ayala

Artículo publicado con el título "Galdós, *flâneur* y peregrino por Inglaterra: *La casa de Shakespeare*" en www.cervantesvirtual.com

RECUERDOS DE GRAN BRETAÑA

Texto publicado bajo el título *Nuevos viajes*
y recogido en el volumen X, póstumo, de sus *Memorias*

Capítulo I

Con el buen propósito y mejores ganas de dar principio al capítulo de estas *Memorias*, suspensa la pluma
sobre el papel en blanco, pido a mi ninfa su opinión
sobre acontecimientos de mi vida, viajes o viajecitos
que pudiéramos dejar olvidados. Y ella, con infantil
donaire y más voluble pizpireta que nunca, me habla de
esta manera:

-No olvidaré, maestro mío, ni nuestros viajes por países distantes, ni nuestras excursiones a ciudades
inmortalizadas por un nombre de inmensa resonancia
en la literatura universal. Tengo bien presente nuestra
visita a Stratford-Avon, patria del más alto ingenio de
Inglaterra. No te digo nada de la fecha, porque la igno-
ro, y en cuanto al asunto, no debes repetirlo ahora, porque ya lo publicaste en un librito que anda por esos

mundos y que figura, con otros trabajos tuyos, en un tomo titulado *Memoranda...* Precedió a esta interesante visita la que hicimos a Edimburgo, ciudad renombrada por su esplendor cultural en todas las artes y ciencias, de donde vino el calificativo de *Atenas del Reino Unido*. Salimos de Newcastle con nuestro compañero de fatigas Pepe Alcalá Galiano. Pasamos por Berwick, frontera de Escocia. Ya sabéis que este título de Berwick vino a ser español en la guerra de Sucesión, y quedó enlazado después con los ducados de Liria y Alba. Pasamos por el brazo de mar llamado *Firth of Forth*, y admiramos el inmenso puente, aún no terminado, que une a ambas orillas. Para dar idea de las dimensiones de esta obra colosal, baste decir que cada uno de sus tramos equivale a dos torres Eiffel colocadas horizontalmente...

Llegamos, como sabes, a Edimburgo, que nos sorprendió por no ser ciudad tan ahumada y tristona como otras del Reino Unido. Aunque allí no faltan industrias ni altas chimeneas, lo que prevalece es el taller literario, libros, revistas, imprentas, organismos académicos, científicos, que abrazar desde lo más elemental para uso de la infancia hasta lo más abstruso y enciclopédico para las inteligencias viriles. La calle principal de *Princess-Street* (calle de la Princesa), que es la vía principal de Edimburgo, es una sucesión de edificios monumentales alternando con casas espléndidas, museos, hoteles: la estación del ferrocarril es considerada por los escoceses como la más hermosa del mundo. Se destacan en ella el monumento a Walter Scott, la soberbia columnata que encierra los museos de pintura y las colecciones científicas y multitud de estatuas consagradas a las celebridades escocesas…

El mismo día de nuestra llegada a Edimburgo hubimos de disponer nuestra partida, porque mi compañero de viaje se vio precisado a regresar a Newcastle, por obligaciones apremiantes del Consulado de España. Había-mos ido a Escocia con ánimo de visitar, después de Edimburgo, la región de los lagos, cuyas poéticas leyendas enardecían vivamente nuestra imaginación. Pero este lindo plan hubo de ceder a las exigencias de la realidad humana. No quisimos abandonar la ciudad de las imprentas, emporio de la librería y del saber académico, sin visitar la Universidad y otros Centros escolares. Ahítos de romántica historia, corrimos después en busca del Palacio de Holyrrood antigua residencia de los Reyes de Escocia. La abadía próxima es una ruina venerable y pintoresca. Creyérase que es un modelo de vestigios artificiales y que sus machones festoneados de yedra son obra de una mano de artista decorador de esqueletos arquitectónicos. El Palacio se conserva bien. En uno de sus salones hay una galería de retratos de los Reyes de Escocia, colección de pinturas en la que no se vislumbra la antigüedad ni el carácter personal de los soberanos allí representados. Todo es obra del coleccionismo sintético y catalogado. Lo verdaderamente interesante y auténtico es la alcoba de María Estuardo. Sobreviven el lecho, los colchones, las cortinas y demás paramentos, como si estuviera reciente su uso. No lejos del dormitorio de la infortunada Reina vimos la escalera en que fue asesinado Rizzio. Nuestra imaginación o la locuacidad del cicerone descubrían en el pavimento huellas de la sangre del aventurero italiano.

El Cielo dio a María Estuardo un buen palmito, pero le negó el adorno de una clara inteligencia, necesaria para gobernar su vida. Era hermosísima, pero carecía de freno moral para contener sus livianos apetitos. Casó a temprana edad con el Delfín de Francia, después rey Francisco II, y, ya viuda, pasó a ocupar el Trono de Escocia. Desleales consejeros arrastráronla prontamente a las mayores torpezas y desatinos. Casó con un noble llamado Darnley, y como a la linda cabeza de María el exceso de liviandad no dejaba espacio al sentido político, se enamoriscó de un italiano llamado

Rizzio, que apareció en aquel país tocando la bandurria, el laúd o no sé qué instrumento. Sobrevino la catástrofe inevitable en estos devaneos. En el acaloramiento de un festín, Darnley mató a Rizzio, y desde entonces ya no hubo paz para la dislocada Reina de Escocia.

En aquellas décadas aparece en el reino vecino otra mujer, figura histórica de colosal relieve, Isabel de Inglaterra, que, si no podía rivalizar con María en gracias femeniles, la superaba con creces en dotes intelectuales. Hija de Enrique VIII y de Ana Bolena, Isabel poseía un talento de primer orden, escondido tras una máscara de sequedad y tiesura. La rivalidad entre Isabel y María no tardó en estallar. Móviles de este antagonismo fueron la hermosura de la Estuardo, que despertaba en Isabel la natural envidia, y las rivalidades entre católicos y luteranos, que el fanatismo exacerbaba en proporciones aterradoras.

Así las cosas, María se apoyaba en Bothwell, y después en Murray. Y en tanto Isabel, obrando con tanta sagacidad como perfidia, trataba de inducir a María a una transacción amistosa, y con arte sutil cuidaba de apartarla de su reino para precipitar el fin trágico que deseaba. En uno de estos lances, Isabel preparó hábilmente la entrevista de las dos reinas en el bosque de

Fotheringhay. Esta entrevista de las dos reinas es la escena más maravillosa del drama de Schiller *María Estuardo*, y de ella puede decirse que la poesía supera en interés y verdad a la Historia... Continuaron después de esta escena las agrias disputas entre las dos reinas; una y otra conspiraban enredos mil para sacar triunfantes sus derechos. Isabel, más ladina que su rival, supo dar al litigio carácter de conspiración contra el Estado. La soberana de Inglaterra había heredado de su padre, el bárbaro Enrique, el arte expeditivo de despachar a sus enemigos por medio del verdugo, y sin encomendarse a Dios ni al diablo condenó a María a morir en el cadalso... Es decir, degollada, conforme a dignidad real.

La terrible sentencia fue comunicada a la Estuardo la víspera de la ejecución. La muerte de María resultó el acto más noble de su vida. El largo martirio en prisiones limpió su alma de inveteradas culpas. La majestad, la resignación edificante, la ternura con que se despidió de su servidumbre, resplandecieron con destello sublime cuando entregó su cuello al verdugo, a Dios su alma. La gran pecadora supo dar a la posteridad la clara sensación de morir como una santa.

Bastante tiempo antes de su muerte, viéndose la Estuardo en estrecha prisión, y no sabiendo a quién encomendarse, puso su esperanza en Felipe II, a la sazón el monarca más poderoso de Europa. A este propósito envió su retrato en miniatura al duque de Alba, gobernador de los Países Bajos, añadiendo una sentida dedicatoria. Dicho retrato, que es una preciosidad, según me han dicho, existe en el Palacio de Alba en Madrid. En el archivo histórico de la misma casa se conservan tres cartas autógrafas dirigidas al Duque en 1565 y 1570, y otra de la reina Isabel.

María pereció en 1587. Dueña del campo, la implacable Isabel declaró su enemistad al *Demonio del Mediodía*, que así llamaba a Felipe II, Rey de España. Éste, andando los tiempos, le pagó con la misma moneda, y mandó contra ella la escuadra invencible, destruida por los temporales antes de cumplir su objeto en las costas de Inglaterra. La derrota de la invencible inicia el apogeo de Inglaterra como potencia de los mares. Fomentó este poderío la reina Isabel, desplegando sus raras dotes de inteligencia política y administrativa. Por terribles crisis pasó Inglaterra en los años siguientes, crisis religiosas y políticas; pero es indudable que a Isabel se debió el aumento del poderío británico como lo conocemos en la edad presente.

Terminada nuestra visita al palacio de María Estuardo, poco teníamos ya que hacer en Edimburgo.

En una plazoleta próxima a Holyrrood nos detuvimos para oír la banda militar de un regimiento de *highlanders*, compuesta, como es sabido, de gaitas y tambores. Para mí, aquella música, tan característica como los trajes de los soldados escoceses, no era nueva, pues en Gibraltar había tenido el placer de oírla. Después de echar un vistazo a Carlton Hill partimos para Newcastle. Muy desconsolado iba yo: por mi gusto me hubiera corrido desde Edimburgo a Glasgow, pasando luego a la región de los Lagos. Mi ambición viajera no paraba en esto; hubiérame lanzado gozoso al norte de Escocia, buscando en Inverness el páramo donde las Brujas anunciaron a Macbeth que sería rey, y reconstruir una por una las escenas del terrible drama de la ambición. En mis correrías, las personas y cosas imaginarias me seducían más que las reales. Siempre fue el Arte más bello que la Historia.

Capítulo II

Camino de Inglaterra, me afirmé en la resolución de no demorar mi viaje a Stratford-on-Avon, donde vio la luz el inmenso Shakespeare. Mi fiel amigo Pepe Galiano no podía en aquellos días acompañarme. Nos despedimos en Newcastle, y solito, enterándome de la dirección que debía seguir, me dirigí a Birmingham, que es, como todo el mundo sabe, uno de los más grandes emporios industriales de Inglaterra. Como no me guiaba ningún interés industrial ni comercial, poco tiempo me detuve en Birmingham, y tomando otro tren seguí mi ruta hacia el lugar donde la musa británica engendró a Hamlet, Macbeth y otras inmortales criaturas.

Confirmando lo que ha dicho mi ninfa, omito en estas *Memorias* mis impresiones de Stratford, porque ya lo hice en un libro titulado *La casa de Shakespeare*, y emprendiendo nueva ruta, paso por Oxford, la ciudad universitaria; por Windsor, residencia habitual de los reyes de Inglaterra, y no paro hasta Londres.

Por tercera vez me veo en la metrópoli de la Gran Bretaña; pero ni esta ocasión ni las siguientes me bastarán para contaros mis observaciones en este conglomerado de ciudades populosas. París es grande, metódicamente regular y armónico. Londres es disforme, desproporcionado, sin medida en sus bellezas, como en sus fealdades; compónenlo arrabales magníficos, rincones deliciosos y longitudes desesperantes, como ensueños de pesadilla. Dividiré en tres partes mis relatos londinenses, empezando por el Oeste, que sintetizo en este rótulo: El Parlamento y Westminster. Tarea tengo ya para hoy. Y cuando Dios quiera tendréis la segunda conferencia: San Pablo y la *City*. El extremo Este y la tercera: Regent's Park y el Jardín Zoológico, British Museum.

Doy principio a mi tarea descriptiva. Partiendo de la columna de Nelson (Trafalgar Square), paso junto a la estatua ecuestre de Carlos II y entro en Whitehall, avenida espaciosa, formada por varios edificios del Estado. Entre ellos se destaca, a mano izquierda, un palacio de modesta arquitectura y aspecto vulgar; no obstante, tiene gran valor histórico, porque en él fue decapitado el rey Carlos I el 30 de enero de 1649. En medio de la calle se levantó el patíbulo, que fue comunicado con el palacio por uno de los balcones de éste. Víctima de su orgullo y de su desprecio del parlamento, pereció el segundo de los Estuardos. En el terrible momento de entregar su cuello al verdugo mostró Carlos la dignidad propia de su estirpe y de su acendrado cristianismo. Este acontecimiento, punto culminante de la historia de Inglaterra, marca una ejemplaridad política que reaparece de tarde en tarde en la conciencia de otros pueblos europeos...

Sigo mi camino por la espaciosa vía, en dirección del Támesis, y sin parar mientes en diferentes edificios que a uno y otro lado se ofrecen a mi vista, toda mi atención se clava en una torre corpulenta, elevadísima, de traza robusta dentro del estilo gótico-rectangular. En su cuerpo más alto campea el disco de un reloj monumental, que se me antoja el reloj más grande del mundo. Acercándome más, veo la enorme mole del parlamento, uno de cuyos lienzos se extiende a lo largo del Támesis, fundado sobre las corrientes del río. Por otra parte aparecen otras grandes prolongaciones del mismo edificio, que sirven de asiento y albergue a la institución política más estable y grandiosa de la vieja Inglaterra. En otra ocasión pensé por breves instantes en aquel recinto. En la ocasión que ahora refiero me procuré un pase para visitarlo y recorrerlo detenidamente. ¡Qué inmensidad, qué lujo, qué magnificencia! Allí reside la verdadera majestad, la soberanía efectiva de la nación. En una parte, la Cámara de los Comunes; en la otra la de los Pares, y entre ambas, dilatada serie de salones destinados a locutorios, conferencias, bibliotecas, oficinas, comedores, habitaciones privadas del presidente y secretarios, que en el régimen inglés son funcionarios permanentes; cuanto conviene, en fin, a la relación entre ambos estamentos y a la complicada máquina del régimen parlamentario de una nación cuya base política es gobierno del pueblo por el pueblo. No quiero meterme en una disquisición prolija sobre el sistema inglés, que es admiración y debiera ser ejemplo de todo el mundo. Para seguir con brevedad mi plan, abandono el Parlamento y me dirijo a un edificio próximo, también monumental y de gótico estilo, en el cual veremos glorificado en forma religiosa lo más espiritual del alma británica.

Capítulo III

Ya estamos en la Abadía de Westminster. Siempre que penetro en este templo siéntome como el que asiste a llevar una ofrenda a los dioses o a los mortales que con los dioses se codean. Ni Francia en su Panteón ni nosotros en nuestro Escorial hemos igualado a lo que los ingleses han hecho aquí. Sepulturas de reyes tenemos nosotros. Sepulturas de grandes hombres tiene Francia; pero ni en una ni en otra parte del Continente se ha conseguido, como en Londres, la incineración y glorificación de todas las grandezas de una raza. En las capillas de Westminster encontramos todos los reyes, reinas, príncipes y caballeros que han florecido en este noble suelo. La capilla de Enrique VII es en este concepto interesantísima. También hay reyes santos en esta y otras capillas; pero algunos visitantes rinden culto a los santos de su mayor devoción, no en las capillas, sino en las naves y cruceros de la iglesia. En ésta encontraré a Newton, que en la piedra de su sepulcro tiene grabado el famoso binomio, fórmula matemática que dio fama a este varón extraordinario, descubridor de la gravitación universal y del sistema del mundo. La ciencia debe, además, a Newton otras grandiosas conquistas.

No lejos de la tumba de Newton vi la de Darwin, creador de la teoría del origen de las especies por la selección natural… En una de las salas del crucero, y en la que lleva el nombre de Rincón de los poetas (*Poets Corner*), nos hallamos ante la brillantísima pléyade de poetas, novelistas, historiadores, críticos, músicos, actores, etc., que en siglos diferentes han brillado en el espacio infinito del arte británico. Los que no tienen sepultura en la Abadía con inscripciones y signos fehacientes están representados por estatuas, bustos, medallones y expresivas leyendas. Resulta un completo cielo, como nos lo pintan y describen las escrituras dogmáticas. Allí están los profetas, apóstoles, mártires, los elegidos, en fin, merecedores de la inmortalidad. Allí podemos rendir culto a los santos que nos merezcan más respeto y veneración. Resplandecen en la celestial muchedumbre Macaulay, Thackeray, el compositor Haendel, que los ingleses consideran como suyo, aunque nació en Alemania; Oliverio Goldsmith, Pope, Addisson, Chaucer, Thomson, Prior, Campbell, duque de Argyll, Spencer, el afamado comediante Garrick, Milton, cuyo solo nombre basta para caracterizarle; Dryden, Ben Jonson y, descollando entre todos, el soberano hacedor de humanidades vivas, Guillermo Shakespeare…

La última vez que visité la Abadía vi en el suelo del Rincón de los poetas una sepultura reciente; en ella trazado, al parecer con carácter provisional, leí la inscripción: *Dickens*. En efecto, el gran novelador inglés había muerto poco antes. Como éste fue siempre un santo de mi devoción más viva, contemplé aquel nombre con cierto arrobamiento místico. Consideraba yo a Carlos Dickens como mi maestro más amado. En mi aprendizaje literario, cuando aún no había salido de mi mocedad petulante, apenas devorada *La comedia humana*, de Balzac, me apliqué con loco afán a la copiosa obra de Dickens. Para un periódico de Madrid traduje el *Pickwick*, donosa sátira, inspirada, sin duda, en la lectura del *Quijote*. Dickens la escribió cuando aún era un jovenzuelo, y con ella adquirió gran crédito y fama. Depositando la flor de mi adoración sobre esta gloriosa tumba, me retiro del panteón de Westminster... Quisiera dar un vistazo al Museo de Pinturas; pero es muy tarde y este capítulo es demasiado largo. Quédese para un día próximo el tratar de lo que me sugiere mi caprichosa memoria...

Vista aérea de Newcastle-on-Tyne
Grabado de Robert Jobling, 1889

LA VISITA AL NORTE DE ALBIÓN

Cartas publicadas en el periódico
La Prensa de Buenos Aires

Madris, 26 de octubre de 1887

Señor Director:

No, no podía ser una visita de puro recreo. Su objeto era acompañar a mi amigo y compañero de viaje Alcalá Galiano hasta dejarle en la ínsula de su consulado, que es Newcastle-on-Tyne. Este puerto, situado en la costa oriental de Inglaterra, cerca ya de la frontera de Escocia, es uno de los más concurridos de aquel país por su considerable comercio de carbón. Las orillas del Tyne no tienen nada de risueñas. ¡Qué país, qué cielo, qué vida! La capital del Northumberland vive bajo un pesado y tenebroso techo de humo.

El carbón constituye su riqueza y el carbón le da aquel cielo artificial que parece destinado a cobijar los más negros y terroríficos pensamientos.

La corriente del Tyne, en que flotan tantas y tan gallardas embarcaciones, tiene mucha semejanza con la tinta de escribir o con el betún que sirve para dar lustre a las botas. Cuentan que un inglés, filántropo de estos que se dedican a propagar sus ideas de higiene y saneamiento en beneficio de la humanidad, tomó un vaso de agua del Tyne, la dejó decantar, y en el poso que se formó en el fondo del vaso mojó la pluma para escribir una carta al *Times*, demostrando las malas condiciones higiénicas en que viven los habitantes de aquella región de Inglaterra.

En una y otra orilla no hay más que fábricas cuyas chimeneas parecen arrojar sobre el cielo el mismo limo negro que extraen del suelo: talleres de construcción de buques, en los cuales los esqueletos de las naves semejan más bien restos de colosales naufragios; aparatos para cargar rápidamente, vaciándolos a chorros en la bodega de los buques. Todo esto es negro, del color de la mercancía, así como en Bilbao las casas y las personas son rojas, del color del mineral del hierro.

La vista se fatiga y aun se perturba con esta contemplación continua de lo negro. Los objetos carecen de claroscuro porque la luz blanquecina y difusa no marca los objetos, sino que los mantiene en cierta penumbra indecisa. En cuanto al sol, se supone que estará en alguna parte del cielo, pero no se le ve, ni es fácil averiguar dónde se halla. La atmósfera es espesa, amasijo pesado de las humedades marinas y del humo vomitado por millares de chimeneas. Toda superficie blanca y limpia como los cuellos y puños de nuestra camisa, es al punto invadido por aquella atmósfera de hollín pastoso y pegadizo. Bien se comprende que con este cielo y en este ambiente negruzco y triste existan las más extraordinarias manifestaciones del trabajo humano. ¿Qué ha de hacer aquí el hombre más que trabajar, ya descubriendo cada día nuevas máquinas y artificios, ya dándoles formas en el hierro y aplicación a diferentes industrias? Si aquí no trabajaran los hombres, se morirían de tristeza los que no se murieran de hambre, porque el suelo es ingrato y no podría dar alimentos ni a la décima parte de la población. Dos grandes principios se desarrollan en este ambiente negro: el trabajo y la familia. De estos dos principios nacen la riqueza y la fecundidad de la raza, el considerable aumento de población, y como a medida que la población crece es más apremiante la necesidad de alimentarla, no hay más remedio que producir cada día más, y produciendo más se pone más feo el cielo, más negra la atmósfera y va ganando terreno la vida doméstica y fabril.

Italia y España tienen un cielo y un ambiente que estimula la vagancia, fomenta la emigración y produce la poesía, el arte, la vida aventurera y este desorden placentero que constituye nuestra felicidad. La atmósfera de Inglaterra es tal que en sus senos sombríos no hay más que matemáticas y de ellas salen las ingeniosas combinaciones de la mecánica, los cálculos de la banca y del comercio. Ocurre preguntar, y en resumidas cuentas, ¿qué pueblos son más felices? ¿Los que trabajan y disfrutan libremente de la vida, contando con el pan de cada día suministrado invariablemente por la Providencia, o los que jamás ven el sol y, desconociendo las alegrías de un ambiente puro, se consagran en suelo ingrato a asegurar el pan de la semana, del mes y del año? Cuestión es ésta a la cual no se puede dar una contestación categórica. Hay quien sostiene que los ingleses trabajan para los demás, pues acumulan grandes riquezas que luego prestan a las naciones pobres, las cuales se las gastan alegremente y pagan mal los intereses o no los pagan de ninguna manera. Inglaterra trabaja, se enriquece y coloca su dinero en manos de los pródigos, que viven en grande, y no se preocupan del mañana.

Esta idea paradójica no tiene más que un valor relativo, pues cuando se visita detenidamente la Inglaterra, se ve que la gente británica disfruta de la vida quizás mejor que nosotros los del continente. Cierto que allí no tienen sol ni días hermosos, pero en cambio han organizado sus hogares de modo que encuentran en ellos indecibles placeres y alegrías. Es un error creer que en Inglaterra es preciso pagar a precios fabulosos los ricos productos del Mediodía. Gracias a la fabulosa rapidez de las comunicaciones y al comercio inmenso que estos puertos sostienen con todos los países, las frutas de Italia y España se detallan a precios ínfimos. He visto en Londres las naranjas de Valencia vendidas por las calles al mismo precio que tienen en Madrid. Últimamente se encuentran no sólo en Londres y en Liverpool, sino en otras ciudades menos importantes del Reino Unido, frutas variadas y riquísimas transportadas del Mediterráneo y aun de zonas más lejanas. Se venden en los mercados casi por tan poco dinero como en España e Italia.

El suelo de Inglaterra no produce, en el ramo de frutas, más que moras de zarza, grosellas, algunas manzanas y esas variedades de *grosberry*, entre las cuales no se puede elegir, pues todas son a cual más agria y desabrida. Pero el inglés puede llevar a su casa todo lo que el mundo produce de más exquisito, y su mesa está por lo común bien provista. Bajo este aspecto la vida británica es envidiable, y bajo otros órdenes también. Proverbial es el *confort* de las casas inglesas, y buena prueba de ello es que todos los países del mundo, siempre que se quiere elogiar la comodidad de un mueble, de un objeto doméstico, de un adminículo cualquiera, se dice que es inglés. Todo lo inglés se considera superior, excepcional y práctico. Una casa montada *a la inglesa* es el bello ideal de la vida familiar en todos los países.

No quiero entrar en las admirables ventajas que en el orden espiritual ofrece la organización doméstica de los hijos de Albión, porque esto me llevaría demasiado lejos. Tiempo ha que en los pueblos más civilizados del continente se ha iniciado la imitación de las costumbres de aquel país, ya en la educación de los hijos, ya en otros particulares de importancia referentes a la familia. Inglaterra ha dado al mundo el parlamentarismo, el librecambio, el *sport*, etc., pero es dudoso que estas y otras cosas sean tan fecundas en el continente, como lo son en las islas británicas. Lo inglés fructifica de un modo entre aquella raza laboriosa, metódica y fría, bajo aquel cielo plomizo y aquel ingrato y desapacible suelo; pero a menudo se malogra como los vegetales trasplantados lejos de la tierra que les vio nacer.

En medio de las maravillas que aquel país ofrece en los órdenes industrial y mercantil, hay algo que entristece y abate el ánimo. Si la organización política es perfecta dentro de lo humano, no puede negarse que la social dista mucho de la perfección. El pauperismo ofrece aspectos verdaderamente terroríficos en medio de tanta riqueza, y puede asegurarse que en ninguna parte de Europa se ven pobres tan andrajosos y famélicos como en Inglaterra. Las calles de la opulenta Liverpool están plagadas de mendigos que importunan y persiguen al transeúnte. Los viajeros que visitan Londres y después de admirar las grandiosas avenidas del West, el febril movimiento de la City, los parques, las inmediaciones del Saint James, Westminster y Whitehall, se aventuran a penetrar en los barrios del este más allá de las *Minorçias* [parroquia de *Minories*], encuentran allí los espectáculos más desconsoladores de la miseria humana, guaridas repugnantes donde se albergan todas las escaseces imaginables, el vicio y el crimen.

De noche, el forastero que no se retire temprano, como es costumbre de la mayoría de los ingleses, y quiera dar un paseo por Trafalgar Square, se asombrará del sinnúmero de vagabundos que, no teniendo casa, duermen entre los bancos de la gran plaza al abrigo de los pedestales que sustentan las estatuas de las glorias de Inglaterra.

En todas las ciudades se observan los mismos espectáculos de miseria y desorden. Liverpool y Newcastle, centros considerables de la industria y el comercio, están infestados de mendigos, lo mismo que la metrópoli. La policía no puede fácilmente someterlos cuando se alborotan, ni la beneficencia socorrerlos, a pesar de los recursos cuantiosos que se destinan a aliviar la miseria. En los sitios más céntricos, en las inmediaciones de los hoteles y de las estaciones de ferrocarril, se ven bandadas de niños harapientos, tiznados de hollín, descalzos y sin ningún abrigo. Aterra el pensar cómo vivirán aquellas desgraciadas criaturas cuando se desaten los rigores del invierno. Para colmo de males, la población crece asombrosamente y los talleres, con sus múltiples recursos, no pueden dar sustento a tanta y tanta vida. Cada año, a medida que la riqueza se multiplica, crece en proporción mayor el número de bocas, y aquel suelo árido, surcado de venas de carbón, da anualmente enorme cosecha de pobres.

El único remedio es la sangría de la emigración, y para fomentarla y regularizarla hay distintas sociedades, que vienen a ser filantrópicas. Si Inglaterra no contara con su extensión colonial, la vida sería imposible en aquel país. Gracias a las colonias, la metrópoli ve contrarrestados en algún modo los vicios inveterados de su organismo social. En las calles de Liverpool he visto pasar carretas llenas de hombres, mujeres y niños. Parecen criminales; pero son emigrantes, y los llevan a los *docks*, como ganado, para embarcarlos con destino a los Estados Unidos, Canadá, Australia o Nueva Zelanda.

Como los fletes son tan baratos a causa de la guerra de tarifas que se hacen las empresas de navegación, los llevan propiamente como ganado, aprovechando hasta lo increíble el estrecho espacio de los sollados. Todos los días, y principalmente los sábados, salen de Liverpool enormes cargamentos de almas humanas, que constituyen uno de los principales artículos de exportación inglesa. Con él fomenta sus colonias, extendiendo por todo el mundo el poderío de la raza británica, y además atenúa o aleja los conflictos sociales que constantemente la amenazan en Europa.

Los que han visitado Irlanda pintan con frase espeluznante el carácter temeroso de la cuestión social en aquella isla. Allí el número de desheredados de la fortuna es mucho mayor aún que en la isla hermana, y allí seguramente es donde está el peligro mayor. Sería triste que los hombres de Estado del país más poderoso del mundo no hallaran medio de extirpar mal tan hondo.

Newcastle es ciudad poco interesante, fuera de la importancia que le da su colosal industria. Los célebres talleres de Armstrong, para construcción de cañones y de buques de guerra, son lo más notable que encierra la capital del condado carbonífero de Northumberland. La ciudad posee algunas antigüedades de mérito, aunque no es este extraordinario. Por lo demás, como todas las poblaciones inglesas, abunda en ciertas comodidades de que disfrutan ampliamente los hijos del país más que los forasteros, y carece en absoluto de las distracciones que amamos tanto los meridionales. El que vaya allí con un objeto industrial hallará mucho que admirar y que aprender; pero el que viaje por recreo, debe parar poco allí y seguir hasta Edimburgo. Newcastle es la patria de Jorge Stephenson, que le ha consagrado un monumento de escaso mérito artístico. Junto al grandioso puente sobre el Tyne, una de las obras más atrevidas de la construcción moderna, se exhibe, sobre un pedestal, a manera de estatua, la primera locomotora construida por el célebre ingeniero, creador del ferrocarril, la invención más maravillosa del siglo XIX. La vida de Jorge Stephenson es uno de los ejemplos más hermosos que existen en la humanidad.

Hijo de un fogonero que trabajaba en las máquinas de desagüe de una mina de carbón, pasó su niñez cuidando vacas con el sueldo de dos chelines al mes. Cómo de tan humilde estado pasó aquel niño a ser el primer mecánico de su época, es cosa que maravilla. Todo se lo debió a sí mismo, desde la educación primaria que en la escuela recibiera hasta los asombrosos conocimientos que atesoró en edad madura y con los cuales hizo la más grande de las revoluciones económicas. Las luchas que tuvo que sostener contra la rutina para implantar el primer ferrocarril minero, prueban su perseverancia y el vigor de su entendimiento. Hay en este hombre algo del genio osado y tenaz de Cristóbal Colón. Su hijo Roberto Stephenson es otra de las grandes figuras de la moderna Inglaterra. Su trabajo fue más fácil porque encontró cimentado el organismo ferrocarrilero; pero no son sus obras menos estupendas. A él se deben los puentes tubulares adoptados en todo el mundo, el Palacio de Cristal y otras obras admirables. El primer Stephenson es mecánico, y el segundo, constructor, sobresaliendo principalmente en la arquitectura del hierro, de la cual es iniciador y maestro.

Otro hijo ilustre de Newcastle debe ser mencionado aquí, y es sir William Armstrong. Nació en 1810, y empezó a distinguirse como mecánico cuando ya los trabajos de los dos Stephenson habían transformado la industria inglesa. Dirigió sus estudios a los problemas de la artillería, creando el cañón rayado con carga por la culata. Con su perseverancia y constante trabajo fundó los talleres que hoy existen con su nombre en las cercanías de Newcastle y a él se debe la creación de los buques blindados que han cambiado radicalmente la táctica naval. Con motivo de su jubileo, la reina Victoria le ha hecho *lord*, digno premio de una vida enteramente consagrada al trabajo.

✳✳✳

Me despido en la estación de Newcastle de mi inolvidable compañero de viaje y amigo queridísimo, y emprendo solo el camino al través del norte de Inglaterra. Toda la región de Northumberland ofrece el mismo aspecto ceñudo y sombrío, por el increíble número de chimeneas y altos hornos que se ven a una y otra parte. Durham, célebre por sus ganados y sus mostazas, aparece edificada sobre un cerro en el cual se destacan las torres de su hermosa catedral. Darlington parece un infierno, todo fraguas, todo fuego, humo y crujido de máquinas. Más apacible y risueño se nos ofrece York, la ciudad histórica, situada en un país más agrícola que industrial, y rodeada de fértiles y amenas campiñas.

Después hay que atravesar una de las regiones más industriales de la isla, y es lo que llaman el *black-country* o país negro, porque las ciudades, las villas y aun las aldeas están envueltas en humo. El campo es feo y árido, los caminos polvorosos. Donde no hay minas hay fábricas, y seguramente la cantidad de chimeneas es superior a la de árboles, siendo ésta bastante considerable. Entre Leeds y Manchester no se ven más que talleres y más talleres. Allí el campo ha dejado de serlo, invadido por la industria. Tejidos de lana, tejidos de algodón, tejidos de lino y de esparto, tejidos por todas partes, y entre la inmensidad de telares, otros muchos artefactos para transformar los metales, el plomo, el cobre y el zinc. Un desarrollo tan colosal de la industria principia por causar admiración y acaba por dejar una impresión de hastío y tristeza. Así que al llegar a la estación de Manchester, en la cual pensaba detenerme para visitar la metrópoli del algodón, la vista de tanta y tanta chimenea, los paredones negros de las fabricas me produjeron verdadero terror y perdí las ganas de ver más fábricas y talleres, ansiando respirar un aire no impurificado por el humo ni ensordecido por el estruendo. Aquí el trabajo humano llega a parecer una monomanía febril o un tic epiléptico, y los hombres parecen insensatos que han traspasado los límites de la obligación que la naturaleza nos impuso, haciendo de la virtud un vicio, y convirtiendo la religión de la industria en idolatría de las riquezas.

Llego a Liverpool y espero un vapor que me traiga a España.

***

Madrid, 31 de octubre de 1887.

Señor Director:

Por si mis lectores llevan a mal que abandone por tanto tiempo los asuntos de España que son primera obligación y materia preferente de mis trabajos de corresponsal, abrevio la permanencia de Liverpool, población que conocen todos los americanos que han venido a Europa en vapores ingleses. Y por cierto que no es de las más simpáticas. Fuera del interés que ofrecen sus siete millas de *docks*, carece de atractivos esta ciudad grande que no es una gran ciudad. Los que gustan de ver buques mercantes primorosos, y reconozco en mí esta debilidad, pasarán un rato agradable recorriendo los *docks* del norte y los del lado de Birkenhead [allende el río Mersey].

El movimiento de naves es colosal, y a la hora de la marea, cuando se abren las compuertas del río Mersey, presenta un magnífico golpe de vista. El *floating stage* o muelle flotante, es una de las obras más hermosas que en puerto alguno pueden admirarse, y el túnel bajo el río, por donde circula el ferrocarril que une a Liverpool con Birkenhead, la maravilla de las maravillas. ¡Gigantesco esfuerzo y osadía del humano ingenio, tanto más de admirar cuanto que no se ve la necesidad de semejante obra, existiendo la comunicación rápida, constante y barata de los *ferry* por encima de las aguas! Es un alarde de poderío y riqueza, una superfluidad sublime que demuestra a qué punto de perfección llega en aquel país el arte de las construcciones. Horadar la tierra bajo el lecho de un río caudaloso y profundo, comunicar con el suelo los extremos de la galería por medio de hondísimos pozos con ascensores y escaleras, es empresa titánica que sólo puede realizar la perseverancia opulentísima de esta raza que tantas victorias ha sabido alcanzar en sus luchas con la naturaleza.

Por fin dejo la ciudad del Mersey. Un sábado a la hora de marea, salgo en un vapor español que me conduce a Santander. [...]

IVDICIO PYLIVM GENIO SOCRATEM, ARTE MARONEM,
TERRA TEGIT, POPVLVS MÆRET, OLYMPVS HABET

STAY PASSENGER, WHY GOEST THOV BY SO FAST,
READ IF THOV CANST, WHOM ENVIOVS DEATH HATH PLAST
WITH IN THIS MONVMENT SHAKSPEARE: WITH WHOME,
QVICK NATVRE DIDE WHOSE NAME, DOTH DECK Y TOMBE,
FAR MORE, THEN COST: SIEH ALL, Y HE HATH WRITT,
LEAVES LIVING ART, BVT PAGE, TO SERVE HIS WITT.

OBIIT ANO DO 1616
ÆTATIS 53 DIE 23 AP.

LA CASA DE SHAKESPEARE

Texto publicado originalmente como sendas
Cartas al Director de *La Prensa* de Buenos Aires, firmada
la primera en Madrid el 15 de noviembre de 1889, siendo
la segunda publicada el 4 de marzo de 1890
sin fecha de redacción

I. ¿Por dónde voy a Stratford?
   - La estación de Birmingham.

En cuantas visitas hice a Inglaterra me atormentaron las ansias de ver la gloriosa villa de Stratford-on-Avon, patria de Shakespeare. Una vez por falta de tiempo, otra por rigores del clima, ello es que no pude realizar mi deseo hasta el pasado año (1889). Por fin, en Septiembre último pisé el suelo, que no vacilo en llamar sagrado, donde están la cuna y sepulcro del gran poeta. Desde luego afirmo que no hay en Europa sitio alguno de peregrinación que ofrezca mayor interés ni que despierte emociones tan hondas, contribuyendo a ello, no sólo la majestad literaria del personaje a cuya memoria se rinde culto, sino también la belleza y poesía incomparables de la localidad.

Si en Inglaterra es Stratford un lugar de romería fervorosa, pocos son los viajeros del Continente que se corren hacia allá. En los voluminosos libros donde firman los visitantes, he visto que la mayor parte de los nombres son ingleses y norte-americanos; contadísimos los de franceses e italianos, y españoles no vi ninguno. Creo que soy de los pocos, si no el único español, que ha visitado aquella Jerusalén literaria, y no ocultaré que me siento orgulloso de haber rendido este homenaje al altísimo poeta, cuyas creaciones pertenecen al mundo entero y al patrimonio artístico de la humanidad.

Y no crean mis lectores que ir a Stratford es obra tan fácil, aun hallándose en Inglaterra. La superabundancia de comunicaciones viene a producir el mismo efecto que la falta de ellas. No conozco confusión semejante a la del viajero instalado en cualquier ciudad inglesa cuando coge el *Bradshaw* o Guía de Ferrocarriles, y trata de investigar en sus laberínticas páginas el camino más directo y rápido para trasladarse de un confín a otro de la Gran Bretaña. El *libro de los Vedas* es un modelo de claridad en comparación del voluminoso *Bradshaw*. Si quisiéramos dirigirnos por cualquiera de las tres grandes líneas o redes que, partiendo de Londres, cruzan toda la isla, a saber: el *North Western*, el *Midland* y el *Great Northern*, la tarea no es en extremo difícil; pero si intentamos buscar direcciones transversales por las infinitas ramas que enlazan estas líneas, unas con otras, y con las secundarias, vale más renunciar al estudio previo del camino, y entregarse a las peripecias de un viaje de aventuras, y a la buena fe de los empleados del ferrocarril.

Verdadera maravilla de la ciencia y de la industria es la muchedumbre de trenes que ponen en movimiento todos los días de la semana, menos los domingos, las Compañías antes citadas, y además las del *Great Western* y *Great Eastern*, y la fácil exactitud con que las estaciones de empalme dan paso a tan enorme material rodante sin confusión ni retraso. La velocidad, desmintiendo distancias, desarrolla en aquel país hasta tal punto el gusto de los viajes, que toda la población inglesa parece estar en constante movimiento. Se viaja por negocios, por hacer visitas, por hablar con un amigo, por ir de compras a una ciudad próxima o lejana, por pasear y hacer ganas de comer.

Hallábame en Newcastle, y nadie me daba razón de la vía más corta para visitar *the home of Shakespeare*. Una rápida inspección del mapa simplificó la dificultad, pues viendo que Stratford está cerca de Birmingham, a esta ciudad había que ir por lo pronto. Después, Dios diría. Entre Newcastle y Birmingham, el viaje es entretenidísimo, pues se pueden admirar las catedrales de York y Durham, y después se atraviesa una de las comarcas fabriles más interesantes, la del Hallamshire, donde campea Sheffield, la metrópoli de los cuchillos. Sin detenerme recorro esta región, contemplando la inmensa crestería de chimeneas humeantes que por todas partes se ve, y llego a Birmingham, ciudad populosa, una de las más trabajadoras y opulentas de Inglaterra. Un poco más alegre que Manchester, se le parece en la febril animación de sus calles, en la negrura de sus soberbios edificios, y en la muchedumbre y variedad de establecimientos industriales.

¿En qué parte del mundo, por remota y escondida que sea, no se habrá visto la marca de esta ciudad aplicada a infinidad de objetos de uso común y ordinario? La universalidad, la variedad y el cosmopolitismo de la industria de Birmingham se expresan muy bien en un elocuente párrafo de la obra de Burrit, *Paseos por el país negro*. Dice así:

"El árabe come su alcuzcuz con una cuchara de Birmingham; el pachá egipcio ilumina su harem con candelabros de cristalería de Birmingham; el indio americano se bate con el rifle de Birmingham, y el opulento rajah del Indostán decora su mesa con los cobres de Birmingham; el audaz jinete que recorre las estepas de Sud América espolea su caballo con un acicate de Birmingham, y el negro antillano corta la caña de azúcar con su hacha de Birmingham... etc." No copio más porque es el cuento de nunca acabar, semejante al de las cabras de Sancho.

La estación de este formidable emporio industrial es de tal magnitud, y hay en ella un vaivén tan vertiginoso de trenes, y gentío tan inquieto, que no extrañaría yo que perdiera el sentido quien, desconociendo la lengua y las costumbres, se quisiera indagar una dirección en aquella Babel de los caminos humanos.

"¿En qué plataforma se toma billete para Stratford?"

Esta es la pregunta ansiosa del peregrino shakesperiano en la ingente estación de Birmingham.

No se crea que tal pregunta es contestada claramente. Muchos empleados suelen informar con incierto laconismo: "Es de la otra parte." Y recorra usted otra vez los puentes que comunican las inmensas naves por encima de las vías. Después pase usted por un túnel abierto debajo de otras, hasta llegar a las plataformas del costado Sur, y allí, échese a correr a lo largo del interminable andén.

Por fin, hay quien dé informes exactos de la vía que se debe tomar, del sitio donde está el *booking-office* o despacho de billetes, y de la hora del tren. Gracias a Dios, ya tengo en la mano el billete para Stratford; tomo asiento en un coche; el tren marcha. Alabado sea mil y mil veces el Señor.

II. Stratford al fin. - *Shakespeare's Hotel.*

Llego por fin a una comarca totalmente distinta de la Inglaterra de Birmingham, Manchester y Leeds. Han desaparecido las chimeneas, han huido aquellos fantasmas escuetos que se envuelven en el humo que vomitan, y que agobian el espíritu del viajero con su negrura satánica. Penetro en un país risueño, más agrícola que industrial, impregnado de amenidad campestre. No más talleres, no más hornos. La pesadilla parda se disipa, y el humo, que todo lo entristece, se va quedando atrás. Recorro un ramal del *Midland*, que enlaza esta gran red con la no menos importante del *Great Western*, y entramos en el condado de Warwichshire, las regiones más pintorescas de Inglaterra, y además ilustrada con nobles recuerdos históricos; comarca de dulce verdor, en que flotan las églogas.

Paso junto al célebre castillo de Kenilworth, parte en ruinas, que da nombre a una sugestiva novela de

Walter Scott. Perteneció aquella señoril residencia al Conde de Leicester, favorito de la Reina Isabel, en honor de la cual se celebraron fiestas aparatosas.

Omito la descripción de esas hermosas ruinas, así como la del castillo de Warwick, que me apartaría de mi objeto, y sigo en busca de la casa del poeta. ¡Kenilworth, Leicester, Isabel! todo esto ha pasado, mientras que Shakespeare vivirá eternamente, y su humilde morada despertará más curiosidad y admiración que todos los palacios de príncipes y magnates.

La impresión de descanso y de paz que trae al ánimo del viajero este ameno y poético rincón de Inglaterra, vale las penas y contrariedades del excéntrico viaje. La campiña es deliciosa y revela las mayores perfecciones de la agricultura. Por fin el ramal del *Midland* enlaza con un ferrocarril puramente local, tranquilo, y más parecido a los nuestros que a los ingleses, porque no hay en él el vértigo ni la velocidad de las redes centrales de la isla, ni en las estaciones desmedida aglomeración de pasajeros. Por fin llego a la estación de Stratford, que es una villa de diez mil habitantes. En la estación, lo mismo que en nuestras ciudades provincianas, hay un ómnibus que recoge a los viajeros y los va dejando en las casas o en las fondas. Es de noche. Todo en este simpático pueblo respira sosiego, bienestar y sencillez campestre. El que sale de las bulliciosas ciudades industriales para venir aquí, cree entrar en la gloria. Los nervios descansan del loco estruendo, y de las impresiones rápidas y múltiples que constantemente recibimos en los grandes centros urbanos. La imaginación es la que no descansa, antes bien se lanza a los espacios ideales, representándose el tiempo en que vivía la excelsa persona cuya sombra perseguimos en aquella localidad apacible. No podemos separar al habitante de la morada; nos empeñamos en trasladar ésta a los tiempos de aquél, o en modernizar al poeta para hacerle discurrir a nuestro lado por las calles, hoy alumbradas con gas, de su querida y placentera villa.

Dos hoteles hay en la patria de Shakespeare que merecen especial mención. Uno es el llamado *Red Horse*, célebre porque en él escribió Washington Irving sus impresiones de Stratford; el otro, llamado *Shakespeare's Hotel*, ofrece la particularidad de que los cuartos están designados con los títulos de los dramas del gran poeta. El que a mí me tocó se denominaba *Love's Labours Lost*, y a la derecha mano vi *Hamlet*, y más allá, en el fondo de un corredor obscuro y siniestro, *Macbeth*.

La posada pertenece al género patriarcal, sin nada que la asemeje a esas magníficas colmenas para viajeros que en Londres se llaman el *Metropolitan* y en París el *Gran Hotel*. Es más bien una de aquellas cómodas hosterías que describe Dickens en sus incomparables novelas, y de las cuales habla también Macaulay en su hermosa descripción de las transformaciones de la vida inglesa. Todo allí respira bienestar, "confort," tranquilidad y refinado aseo. El estrepitoso y chillón lujo de los hoteles a la moderna, no existe allí. La escalera, de nogal viejo, ennegrecido por el tiempo; los muebles, relumbrantes de limpieza, revelan la domesticidad, la familiar sencillez. Huéspedes y patrones viven en apacible concordia. La mesa es abundante y poco variada: el *roastbeef* excelente, el té magnífico, y luego vengan tostadas, *bacon*, huevos escalfados, ensaladas, patatas cocidas, y todo lo demás que constituye la sobria culinaria británica. La cerveza y la mostaza completan el buen avío. Para mayor encanto, el interior de aquel hermoso cuarto que lleva el título (estampado con claras letras en una tabla sobre la puerta) de *Love's Labours Lost*, ofrece comodidades que en vano buscaríamos en los más aparatosos hoteles del Continente. Basta decir que las camas inglesas, grandes, mullidas, limpias como los chorros del oro, son las mejores del mundo, y que el ajuar de tocador que las acompaña no tiene rival.

El dueño de la casa (y ésta revela en su interior una respetable antigüedad), queriendo sin duda que sus huéspedes se empapen bien en las ideas e imágenes shakesperianas, ha llenado el edificio, desde el portal hasta el último cuarto, de cuadros y estampas colocados en vistosos marcos, todos de asuntos de los famosos dramas. Cuanto ha producido el buril en el siglo pasado y en el presente, allí se encuentra. Hay grabados hermosos, y otros deplorables. El viajero que allí pasa la noche, se vé acosado por la turba de ilustres fantasmas. Se los encuentra en la alcoba, en el comedor y hasta en el cuarto de baño. Aquí *Lady Macbeth* lavándose la mano; más allá *Catalina de Aragón* reclamando sus derechos de reina y esposa, o el *Rey Lear*, de luenga barba, lanzando imprecaciones contra el cielo y la tierra; por otra parte el fiero *Glocester*, de horrible catadura; el cínico *Falstaff*, panzudo y locuaz; más lejos el judío *Shylock* ante el tribunal presidido por la espiritual *Porcia*. No faltan *Antonio* discurriendo ante el cadáver de *César*, ni *Káliban* y *Ariel*, seres imaginarios que parecen reales; *Romeo* ante el alquimista, *Julieta* con su nodriza, *Ofelia* tirándose al agua; en fin, todas las figuras que el arte creó, y la humanidad entera ha hecho suyas, reconociéndolas como de su propia substancia. En el comedor del hotel encuentro tipos de los que

Dickens nos ha hecho familiares. La raza inglesa es poco sensible a las modificaciones externas impuestas por la civilización. En algunos he creído encontrar aquella casta de filántropos inmortalizada por el gran novelista, y les he mirado las piernas esperando ver en ellas las famosas polainas de M. Picwick.

Después de una noche de descanso en la cómoda vivienda en compañía de las imágenes trágicas que decoran las paredes de la habitación, la claridad del día me permite hacer un reconocimiento de la villa, la cual es pequeña, pues sólo tiene quince o veinte calles y revela un perfecto orden municipal. Ya quisieran nuestras presumidas capitales del Mediodía tener una administración local que se asemejase a la de aquella poblacioncita semi-oculta en un rincón de Inglaterra. Los servicios municipales son allí tan esmerados como en los mejores barrios de Londres. Basta dar por las calles de Stratford un paseo, en el cual no se emplea más de media hora, para comprender que nos hallamos en un pueblo donde las leyes reciben el apoyo y la sanción augusta de las costumbres. La cultura urbana tiende a la uniformidad, y bajo su poderoso influjo hasta las más remotas aldeas toman las apariencias de ciudades coquetonas. En Stratford se encuentran tiendas tan bellas como las de Londres, y el vecindario que discurre por las calles tiene el aspecto de la burguesía londinense. Por ninguna parte se ven los cuadros de miseria que suelen hallarse en las ciudades industriales, ni las turbas de chiquillos haraposos, tiznados y descalzos que pululan en los *docks* de Liverpool o en el *Quayside* de Newcastle. El bienestar, la comodidad, la medianía placentera y sin pretensiones, se revelan en las calles de Stratford. Es algo como el olor de la ropa planchada que brota de la patriarcal alacena en esas casas de familia, más bien de campo que de ciudad, donde reinan el orden tradicional y la economía que se resuelve en positiva riqueza.

En una de las principales y más espaciosas calles, contrastando con los edificios modernos, hay una casa de estructura normanda, con ensamblajes de madera ennegrecida por el tiempo. Parece una gran cabaña, de las que actualmente se construyen en los jardines con troncos sin descortezar. Es de dos pisos de poca elevación, y tiene un cobertizo de madera que sombrea y ampara la puerta, junto a la cual pende un amador de alambre terminado en argolla. El cartel allí fijado dice al visitante que llame si quiere entrar. Llamo, y me abre un señor muy atento, bien vestido. Es el guardián del edificio. ¡Parece mentira que de tan sencillo modo entre uno en la casa natal de Guillermo Shakespeare!

III. La casa

Omitiré la historia jurídica de éste que podremos llamar *monumento*, y las diferentes transmisiones que sufrió como inmueble desde 1574, en que la compró John Shakespeare por la suma de 40 libras, hasta 1847, en que fue adquirida por los comités de Stratford y Londres, y declarada patrimonio nacional.

Consta de dos pisos, y las habitaciones de ambos han sido restauradas con refinada inteligencia, procurándose que conserven el aspecto y carácter que debieron tener en tiempo del grande hombre. En el piso bajo está la cocina, con su inmensa chimenea de campana, en la cual subsisten los ganchos de que se colgaba la carne para ahumarla. A un lado y otro hay dos asientos o poyos de mampostería.

El conserje permite a los visitantes sentarse en ellos, y cuantos hemos tenido la dicha de penetrar en aquel lugar, que no vacilo en llamar augusto, nos hemos sentado un ratito en donde el dramaturgo pasaba largas horas de las noches de invierno contemplando las llamas del hogar, que sin duda evocaban en su ardiente fantasía las imágenes que supo después reducir a forma poética con una maestría no igualada por ningún mortal.

Vetusta escalera conduce al piso alto, donde está la habitación en que nació Guillermo. En ella se ven sillas de la época, un pupitre y otros muebles. El testero de la calle es una gran ventana de vidrios verdosos, en los cuales no hay una pulgada de superficie que no esté rayada al diamante por las infinitas firmas de personas que han visitado la estancia. Destácanse en aquel laberinto de rayas los nombres de Walter Scott, Dickens, Goethe, Byron y otras celebridades. Las paredes están asimismo cubiertas de nombres.

En otra pieza que da al jardín se ve el célebre retrato, que pasa por auténtico, si bien su autenticidad, diga lo que quiera la inscripción que lo acompaña, no aparece completamente probada, su semejanza con el busto de *Trinity Church*, de que hablaré después, es grande: pero encuentro en el busto mayor belleza y más fiel expresión de vida. Como pintura, el retrato es mediano.

Junto a la casa se ha construido un edificio en el mismo tipo de arquitectura, destinado a museo shakesperiano. Mil curiosidades, objetos diversos, documentos, cartas, grabados que se relacionan más o menos claramente con la vida del dramaturgo, se muestran allí perfectamente ordenados.

Lo que más atrae la atención es la carpeta que se dice fue usada por Shakespeare cuando recibió la primera enseñanza en *Grammar School*, las célebres cartas de Queney, los originales de los contratos que el poeta celebró con empresas teatrales, ejemplares de las primeras ediciones de sus dramas, un anillo marcado con las iniciales W. S., copas y otros utensilios domésticos, armas, libros y papeles varios. El museo es interesante, y revela un extraordinario grado de cultura; pero como impresión de la existencia del autor de *Hamlet*, es mucho más honda la que se recibe sentándose en el poyo de la cocina bajo la enorme campana de la chimenea. Ambos edificios, la casa natal y el anejo, son cuidados y conservados con diligente esmero. En ellos no se enciende fuego ni de noche ni de día, para evitar el peligro de un incendio en aquel viejo maderamen, ennegrecido y resecado por el tiempo. En un jardín contiguo se cultivan las flores y arbustos más comúnmente citados por el poeta en sus inmortales escenas y sonetos. La peregrinación a la casa natal aumenta cada día. El número de visitantes, según consta en los libros de firmas, ascendió el último año a diez y siete mil.

De Hensley Street pasamos a New Place, donde estuvo la casa en que murió Guillermo. En ella habitó los últimos diez y nueve años de su vida y escribió algunos de sus dramas, probablemente el *Julio César*, *Antonio y Cleopatra*, *Macbeth* y todos los del cuarto período.

En el extenso jardín de la casa de New Place plantó Guillermo un moral. Árbol y casa fueron destruidos bárbaramente a mediados del pasado siglo por el poseedor de la finca, Sir J. Gastrell, cuyo nombre ha pasado a la posteridad por este acto de salvajismo. Para consumarlo no tuvo más motivo que las continuas molestias que le daban los visitantes. La madera del moral fue conservada por algunos industriales, que se dieron a fabricar objetos y a expenderlos. Pero el número de baratijas del árbol shakesperiano llegó a ser tan considerable, que debemos suponer entró en su confección, no un árbol, sino un bosque entero. La casa no tardó en ser derribada también, y de ella sólo quedan informes cimientos. La que en su lugar existe contiene otro museo, menos interesante que el de Hensley Street. El jardín, esmeradamente cuidado, es amenísimo, delicioso, lleno de la memoria, y de las huellas, y de la sombra de aquél a quien Ben Johnson llamó *alma del siglo, asombro de la escena.*

IV. La tumba.

Pero lo más interesante de Stratford es la iglesia, *Holy Trinity Church*, sepultura del poeta y de su mujer.

Honor insigne para un país es guardar los restos de sus hombres eminentes. Nuestra incuria nos impide vanagloriarnos de esto; y aunque sabemos que los huesos de Cervantes yacen en las Trinitarias, y en Santiago los de Velázquez, no podemos separarlos de los demás vestigios humanos que contiene la fosa común. Téngase en cuenta que Shakespeare disfrutó en vida de fama resplandeciente; que sus contemporáneos le estimaron en lo que valía; que poseyó cuantiosos bienes de fortuna, y que su familia pudo y supo cuidar de la conservación de sus cenizas venerables.

La iglesia parroquial de Stratford es bellísima, ojival, del tipo normando en su mayor parte, pequeña si se la compara con las catedrales españolas y aun con las inglesas, grande en proporción de los templos parroquiales de todos los países. Antes del cisma fue colegiata, con un coro de quince canónigos. Consta de una gran nave con crucero, y otras dos colaterales pequeñas, y sobre el crucero se alza la torre del siglo XIV, construcción aérea y elegantísima. El interior no ofrece la desnudez fría de los templos protestantes. Parece una iglesia católica, sobre todo en el presbiterio, lo más hermoso de este ilustre monumento. Las rasgadas ventanas de estilo *inglés perpendicular*, los pintados vidrios que las decoran, el altar con gallardas esculturas, la sillería de tallado nogal, los púlpitos, los sepulcros, ofrecen un conjunto de extraordinaria belleza y poesía. Al penetrar en el santuario, todas las miradas buscan el monumento del altísimo poeta en la pared Norte del presbiterio, en el lado del Evangelio. Es propiamente un retablo, y quien no supiera qué imagen es aquélla, la tomaría por efigie de un santo allí colocado para que le adoraran los fieles.

Consta de un sencillo cuerpo arquitectónico, greco-romano: dos columnas sostienen un cornisamento con guarda-polvo, que ostenta en el copete las armas de Shakespeare; en el centro el busto, imagen de medio cuerpo y de tamaño natural. A primera vista se tomaría el monumento por una ventana, en la cual estuviera asomada la figura, viéndosela de la cintura arriba. Los brazos caen con naturalidad sobre un cojín. La mano derecha tiene una pluma, y la izquierda se apoya abierta sobre un papel. El color aplicado a la tallada piedra da a la escultura una viva impresión del natural. La cara es grave, la mirada algo atónita, la expresión noble, la frente majestuosa, el traje sencillo y elegante, ropilla de paño negro y valona sin pliegues.

Imposible apartar los ojos de aquella imagen, en que por un efecto de fascinación, propio del lugar, creemos ver vivo al dramático insigne, y con la palabra en los labios. En el plinto se lee la siguiente inscripción, que por tratarse de quien se trata no resulta todo lo enfática que en otro lugar parecería:

Judicio Pylium, genio Socratem, arte Maronem.
Terra tegit, Populus maeret, Olympus habet.

Está bien claro el texto latino y no necesita traducción. Sólo debe indicarse que *Pylium* es Numa Pompilio, y que la palabra *Socratem* se considera equivocación del grabador, a quien sin duda mandaron poner *Sophoclem*. Debajo de la inscripción latina hay seis versos ingleses, que literalmente traducidos dicen:

Detente, pasajero, ¿por qué vas tan aprisa?
Lee, si puedes, quién es aquél, colocado por la envidiosa muerte
Dentro de este monumento: Shakespeare, con quien.
La vivida Naturaleza murió; cuyo nombre adorna esta tumba.
Mucho más que el mármol, pues cuando él escribió
Supo convertir el arte en mero paje,
servidor de su ingenio.

Obiit anno 1616
Etatis 53, die 23 Ap.

Al pie del monumento está la lápida que cubre los restos del más grande hijo de Inglaterra. La inscripción, compuesta por él mismo, según creencia tradicional, es de un vigor que claramente acusa la soberana mente del poeta. La traducción más aceptable que de ella puede hacerse, expresando el pensamiento de modo que la fidelidad perjudique lo menos posible a la energía, es ésta:

Buen amigo, por Jesús abstente
De remover el polvo aquí encerrado.
Bendito sea quien respete estas piedras.
Maldito quien toque mis huesos.

Cerca del sepulcro de Guillermo está el de su mujer Ana Hatheway, que le sobrevivió siete años, a pesar de ser más vieja que él. (Diez y ocho años y medio tenía el poeta cuando se casó, y su mujer veinticinco.) También yace allí Susana, la hija mayor. Además de Susana, nacieron de aquel matrimonio dos gemelos, llamados Hamlet y Judit.)

El monumento que he descrito, y la piedra sepulcral que cubre los huesos del autor de *Otelo*, absorben por completo la atención en el presbiterio de *Trinity Church*. Las hermosas vidrieras, el altar y las graciosas líneas de aquella arquitectura, quedan ante el espíritu del visitante en lugar secundario. Luego se advierte que hay en todo perfectísima armonía; que el gallardo templo es digno de encerrar la memoria y los restos mortales del primer dramático del mundo, y que en aquel noble recinto parece dormir su genio con un reposo que no es el de la muerte. Toda persona espiritual ha de sentir en semejante sitio emociones profundísimas, imaginando que conoce a Shakespeare, y ha de connaturalizarse con él más íntimamente que leyendo sus obras.

Resulta una impresión mística, una comunicación espiritual como las que en el orden religioso produce la exaltación devota frente a los misterios sagrados o las reliquias veneradas. El entusiasmo literario y la fanática admiración que las obras de un superior ingenio despiertan en nosotros, llegan a tomar en tal sitio y ante aquella tumba el carácter de fervor religioso que aviva nuestra imaginación, sutiliza y trastorna nuestros sentidos, nos lleva a compenetrarnos con el espíritu del ser allí representado, y a sentirle dentro de nosotros mismos, cual si lo absorbiéramos por misteriosa comunión.

Para recorrer todo lo antiguo que conserva las huellas de Shakespeare, nos falta visitar *Grammar School*, donde recibió la primera enseñanza. El aula se conserva sin variación desde aquellos tiempos, y su arquitectura tiene el mismo carácter que la casa natal y otras que en la ciudad subsisten. Inmediata a la escuela hállase *Guild-hall*, donde, si no miente la tradición, daban sus funciones dramáticas los cómicos errantes que alguna vez llegaban a Stratford. Supónese que allí vio Guillermo las primeras representaciones escénicas que despertaron su genio creador, y allí aprendió los rudimentos del arte histriónico, en el cual descolló también, aunque no tanto como en el de la creación poética.

Los monumentos modernos consagrados a la memoria de Shakespeare son dos: la *Clock Tower*, o torre del reloj, construcción de estilo gótico, más severa que elegante y de proporciones no muy grandiosas, y el *Shakespeare Memorial*, edificio complejo, situado a orillas del Avon, y en el cual se quiso hermanar lo útil a lo agradable. El primero de estos monumentos fue construido a expensas de un generoso americano, que quiso, como vulgarmente se dice, *matar dos pájaros de un tiro*: honrar el nombre de Shakespeare, y perpetuar la memoria del jubileo de la Reina Victoria. No se ve claramente la paridad entre ambas ideas; pero el patriotismo sajón es tan extensivo, que fácilmente abarca y sintetiza todos los sentimientos de que se enorgullece la raza. A mayor abundamiento, la *Clock Tower* representa también la fraternidad entre Norte

América y la madre Albión, y para este sentimiento hay allí símbolos que el artista ha sabido hermanar con la iconografía shakesperiana y con el busto de la Emperatriz de las Indias.

El otro monumento, o sea el llamado *Shakespeare Memorial buildings*, es un edificio complicado y grandioso, erigido por suscripción pública, y que contiene un teatro, museo y biblioteca. Exteriormente su aspecto de alhóndiga o depósito comercial no expresa bien el objeto espiritual de su fundación. Hállase situado a orillas del Avon, no lejos de *Trinity Church*, y desde los jardines que le rodean se goza de la perspectiva hermosísima del río y sus risueñas márgenes. Lo más notable del edificio como arte constructivo, es la escalera. La sala del teatro, donde con frecuencia se representan por los mejores actores ingleses los dramas del sublime hijo de Stratford, es grande y bella. Pero las colecciones de escultura y pintura que componen los muros anexos, apenas podrían calificarse de medianas. Con todo, la erección de este vasto edificio honra a los paisanos de Shakespeare y es una prueba de refinada cultura. En el jardín se admira una estatua en bronce (bastante mejor que la que Londres ostenta en Leicester Square) sobre gallardo pedestal, que decoran cuatro figuras representando a Lady Macbeth, Hamlet,

Falstaff y el Príncipe Hall, los cuatro caracteres funda-
mentales de la creación shakesperiana: el trágico, el
filosófico, el cómico y el histórico.

Y ya no hay más que ver en Stratford.

La visita ha concluido, y sólo quedan espacio y mar-
gen para las reflexiones que sugiere la contemplación
de los interesantes objetos relacionados con la vida
mortal del dramaturgo, que ha sido y será siempre
asombro de los siglos. Pero estas reflexiones mejor las
hará el lector que yo. No es ocasión para un estudio de
las creaciones del trágico inglés, las cuales son patrimonio del género humano, y por esto quizás, y por su
propia universalidad, parece como que están exentas
de la crítica.

Pero si del teatro shakesperiano no es fácil escribir
con novedad, la vida del poeta, por tanto tiempo rodeada de obscuridades, ofrece inagotable asunto… Los
comentaristas del hijo de Stratford no descansan, y
cada día se aclara un punto dudoso de aquella preciosa
existencia. Así, la diligente labor biográfica, integrando
la crítica, forma un eterno expediente de canonización.